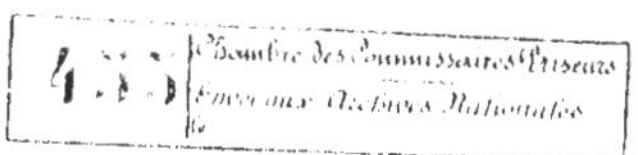

Vente du Lundi 23 Avril 1883

HOTEL DROUOT, SALLE N° 5

A DEUX HEURES

DESSINS

PAR

Barye, Bertall, Boissieu, Charlemont, Corot, Damoye
Daubigny, Decamps, Delacroix
Flandrin, Fragonard, Gérome, Girard (F.), Guerchin, Huet, Jaime
Jongkind, Latour, Lebarbier, Lorrain (Claude)
Michel, Millet, Oudry, Prud'hon
Raffort, Reynaud, Roqueplan, Roybet, Tiépolo, Troyon
Vernet, Wille, Voletti

EXPOSITION PUBLIQUE

Le Dimanche 22 Avril 1883, de une heure à cinq heures.

Me Henri LECHAT	M. BRAME
COMMISSAIRE-PRISEUR	EXPERT
rue Baudin, 6 (square Montholon)	rue Taitbout, 47

PARIS — 1883

Vᵉ RENOU, MAULDE et COCK
IMPRIMEURS DE LA COMPAGNIE DES COMMISSAIRES-PRISEURS
Rue de Rivoli, 144.

CATALOGUE

DE

DESSINS

PAR

Barye, Bertall, Boissieu, Charlemont, Corot, Damoye
Daubigny, Decamps, Delacroix
Flandrin, Fragonard, Gérome, Girard (F.), Guerchin, Huet, Jaime
Jongkind, Latour, Lebarbier, Lorrain (Claude)
Michel, Millet, Oudry
Prud'hon, Raffort, Reynaud, Roqueplan, Roybet, Tiepolo
Troyon, Vernet, Wille, Voletti

DONT LA VENTE AURA LIEU

HOTEL DROUOT

SALLE N° 5

Le Lundi 23 Avril 1883

A DEUX HEURES

Par le ministère de **Mᵉ Henri LECHAT**, Commissaire-Priseur,
rue Baudin, 6 (square Montholon),

Assisté de **M. BRAME**, Expert, rue Taitbout, 47.

EXPOSITION PUBLIQUE

Le Dimanche 22 Avril 1883, de une heure à cinq heures.

PARIS — 1883

CONDITIONS DE LA VENTE

Elle sera faite au comptant.

Les Acquéreurs paieront CINQ POUR CENT, en sus des enchères, applicables aux frais.

DÉSIGNATION

BARYE

1 — Le Serpent.

Aquarelle.

BARYE

2 — Tigre couché.

Aquarelle.

BARYE

3 — Cerf couché dans les roches.

Aquarelle.

BARYE

4 — Tigre sur la piste.

Aquarelle.

BARYE

5 — Cerf et Biches.

Aquarelle.

BARYE

6 — Tigre couché.

Aquarelle.

BARYE

7 — Oiseau de proie.

Aquarelle.

BARYE

8 — Biche courant.

Aquarelle.

BARYE

9 — Serpent sur un arbre.

Aquarelle.

BARYE

10 — Tigre marchant.

Aquarelle.

BARYE

11 — Éléphant couché.

Aquarelle.

BARYE

12 — Daim.

Aquarelle.

BERTALL

13 — Bertrand, le candidat humain. — Politique bien ordonnée commence par soi-même.

Aquarelle.

BERTALL

14 — Le Propriétaire.

Aquarelle.

BERTALL

15 — Le Curé. Un homme dangereux.

Aquarelle.

BERTALL

16 — En Soirée.

Aquarelle.

BERTALL

17 — Dans les coulisses.

Aquarelle

BERTALL

18 — Le vieux Notaire.

Aquarelle

BERTALL

19 — Monsieur Le Comte. Ce que ces dames appellent un homme chic.

Aquarelle.

BERTALL

20 — Le Boursier.

Aquarelle.

BOISSIEU

21 — Le Renseignement.

BOISSIEU

22 — Portrait.

Dessin à l'encre de Chine.

CHARLEMONT

23 — Seigneur.

Dessin à la plume.

CHARLEMONT

24 — Le Fumeur.

Dessin au crayon rehaussé.

CHARLEMONT

25 — Nature morte.

Dessin à la plume.

COSSMANS

26 — Paysage.

Dessin au crayon noir rehaussé.

DAMOYE

27 — Paysage.

Peinture.

COROT

28 — Paysage avec animaux et figures.

Dessin au crayon noir.

DAUBIGNY

29 — Paysage.

Étude au fusain.

DAUBIGNY

30 — Paysage au bord de la mer.

Étude au crayon rouge.

DAUBIGNY

31 — Les Falaises.

Dessin au crayon noir.

DAUBIGNY

32 — Le Cavalier.

Dessin aux crayons rouge et noir.

DAUBIGNY

33 — La Mare.

Dessin au fusain.

DAUBIGNY

34 — Paysage.

Dessin au crayon noir.

DAUBIGNY

35 — Sous-Bois.

Dessin au crayon noir rehaussé.

DAUBIGNY

36 — Vingt Dessins divers au crayon.

DAUBIGNY

37 — Vingt Dessins divers au crayon.

DAUBIGNY

38 — Bœufs dans la prairie.

Dessin au crayon rouge.

DAUBIGNY

39 — Le Marais.

Dessin au crayon rouge.

DECAMPS

40 — Paysage.

Dessin au crayon noir.

DELACROIX (E.)

41 — Othello.

Aquarelle.

DELACROIX

42 — Arabe couché.

Aquarelle.

DELACROIX

43 — Arabes aux aguets.

Aquarelle.

ENGELLARD

44 — Vue des Alpes.

Aquarelle.

FLANDRIN

45 — Jeune Sculpteur.

Dessin à la mine de plomb.

FRAGONARD

46 — L'Abbé de Saint-Non.

Qui a gravé une partie de l'œuvre de Fragonard.

GÉROME

47 — Homme en prière.

Dessin au crayon noir.

GIRARD (Firmin)

48 — Le Chanteur.

Peinture.

GUERCHIN

49 — Têtes d'hommes.

Dessin à la plume et à la sépia.

HUET

50 — Vue sur mer.

Aquarelle.

HUET

51 — Têtes de moutons.

HUET

52 — Tête de chien.

HUET

53 — Figures et Animaux.

Croquis au crayon noir.

HUGUET

54 — Cavaliers arabes à la fontaine.

Peinture.

JAIME

55 — Le Repos.

Aquarelle.

JAIME

56 — Canal à Amsterdam.

Aquarelle.

JONGKIND

57 — Paysage en Normandie.

Aquarelle.

LATOUR

58 — Portrait d'homme.

Pastel.

LEBARBIER

59 — Bas-Relief.

Dessin à la plume.

LORRAIN (CLAUDE)

60 — Paysage.

Plume et sépia.

LORRAIN (CLAUDE)

61 — Marine.

Plume et sépia.

MILLET

62 — Gardeuse de chèvres en Auvergne.

Dessin au crayon [illegible]

MICHEL

63 — Environs de Paris.

MICHEL

64 — Environs de Paris.

MICHEL

65 — Environs de Paris.

MICHEL

66 — Environs de Paris.

MICHEL

67 — Environs de Paris.

MICHEL

68 — Environs de Paris.

Crayon noir rehaussé d'aquarelle.

MICHEL

69 — Vue d'Enghien.

Crayon noir rehaussé d'aquarelle.

MICHEL

70 — Vue de Saint-Denis.

Crayon noir rehaussé d'aquarelle.

MICHEL

71 — Environs de Paris.

Crayon noir rehaussé d'aquarelle.

MICHEL

72 — Vue de Paris.

Crayon noir rehaussé d'aquarelle.

MILLET (J.-F.)

73 — Les Chercheurs de truffes.

Dessin au crayon noir.

OUDRY

74 — Paysage.

Crayon noir rehaussé de blanc.

OUDRY

75 — Paysage.

Crayon noir rehaussé de blanc.

PRUD'HON

76 — Dessin à la mine de plomb.

PRUD'HON

77 — La Force.

Dessin au crayon.

RAFFORT

78 — Paysage d'Orient.

Peinture.

RAFFORT

79 — Entrée de Pera (Constantinople).

Aquarelle.

RAFFORT (E.)

80 — Palerme, Porta di Castro.

Aquarelle.

RAFFORT (E.)

81 — Paysage, chute d'eau.

Aquarelle.

RAFFORT (E.)

82 — Fontaine d'Eyoub (Constantinople).

Aquarelle.

RAFFORT (E.)

83 — Kiz Koulasi, (Tour de Léandre, à Constantinople).

Aquarelle.

REYNAUD (F.)

84 — Les Laitières en Normandie.

Aquarelle

REYNAUD (F.)

85 — Jeune Italienne.

Aquarelle.

REYNAUD (F.)

86 — Jeune Pâtre.

Aquarelle.

ROQUEPLAN

87 — Vue d'Amsterdam.

Mine de plomb.

ROYBET

88 — Personnages vus de dos.

Étude pour un tableau, dessin à la mine de plomb.

ROYBET (F.)

89 — Course de truands.

Dessin au crayon noir.

ROYBET

90 — Charles VI dans la forêt de Meaux.

Dessin au crayon noir.

TIÉPOLO

91 — Le Christ transporté par les Anges.

Dessin à la sépia.

TIÉPOLO

92 — Le Christ après le crucifiement dans les bras du Père Eternel.

Dessin à la sépia.

TIÉPOLO

93 — Jésus reçu dans le sein du Père Eternel.

Dessin à la sépia.

TIÉPOLO

94 — Triomphe militaire.

Encre de Chine.

TIÉPOLO

95 — L'Assomption.

Encre de Chine.

TIÉPOLO

96 — Chevaux.

Dessin à la sépia.

TIÉPOLO

97 — Etude.

Encre de Chine.

TIÉPOLO

98 — L'Assomption.

Encre de Chine.

TIÉPOLO (Jean-Dominique)

Peintre d'histoire et de portrait, élève de son père qu'il suivit en Espagne
remplit les palais et les églises d'ouvrages magnifiques
graveur à l'eau-forte

99 — L'Assomption.

Dessin à la sépia.

TIÉPOLO

100 — Etude.

Sépia.

TIÉPOLO

101 — Femmes et Enfant.

Sépia.

TIÉPOLO

102 — Enlèvement par le Centaure.

Dessin à l'encre de chine.

TIÉPOLO

103 — La Tête de Cicéron présentée à Marc-Antoine.

Dessin à la pierre noire.

TIÉPOLO

104 — La Mort de la Madeleine.

Dessin à l'encre de chine.

TIÉPOLO

105 — L'Annonciation.

Dessin à l'encre de chine.

TIÉPOLO

106 — Neptune.

Dessin à la plume. Signé à droite

TIÉPOLO

107 — Etude.

Sépia.

TIÉPOLO

108 — Vingt Dessins.

TROYON

109 — Paysage et Figures.

VERNET (Joseph)

110 — Marine.

Dessin à la plume et à la sépia.

VERNET

111 — Prise de la Smalah d'Abdel-Kader, mai 1843.

WILLE

112 — Trois Têtes au crayon rouge.

VOLETTI (Rome. 1880)

113 — Les Charmeuses.

Dessin à la plume.

ÉCOLE MODERNE

114 — Intérieur d'église.

Aquarelle.

ÉCOLE ITALIENNE

115 — L'Adoration des Mages.

Ve Renou, Maulde et Cock, impr. de la Compagnie des Commissaires-Priseurs, rue de Rivoli 144. 37367

www.ingramcontent.com/pod-product-compliance
Ingram Content Group UK Ltd.
Pitfield, Milton Keynes, MK11 3LW, UK
UKHW020528180726
13839UKWH00005B/2375